AF349479

L'ESTRANGE ET VERITABLE

ACCIDENT ARRIVE' EN LA VILLE DE TOVRS, OV LA Royne courroit grand danger de sa vie, sans le Marquis de Roüillac & Monsieur de Vignolles.

Le Vendredy vingt-neufiesme Ianuier 1616.

A PARIS,

Chez GVILLAVME MARETTE ruë
de la Parcheminerie à l'Image
Sainct Martin.

1616.

L'ESTRANGE ET VERI-
TABLE ACCIDANT ARRIVÉ EN
la ville de Tours, ou la Royne couroit donger de sa vie, sans le Marquis de Roüillac, & Mr. de Vignolles,

LE Vendredy 29. Ianuier, sa Majesté ayant faict assembler le Conseil, où estoiët Messieurs le Côte de Soissons & Duc de Guise, Mõsieur d'Esper-nõ, Messigneurs le Chã-cellier, de Villeroy & autres Seigneurs Conseillers d'Estat, pour adviser à ce qui se deuoit

A

chanter pendant la con-
ference, & chercher les
moyens les plus propres
pour la resolution de la
paix, le plãcher de la chã-
bre ou le Cõseil se tenoit
cõmença à fondre vers
la cheminée & petit à pe-
tit la ruine croissoit au
lieu ou estoit Messieurs
le Comte de Soissons,
d'Espernon, de Villeroi,
Bassompierre, Biron, le
Marquis de Villaine &
plus d'vne vingtaine de
Seigneurs de qualité elle,

les emporta auec elle dãs
vne salle basse, ou à l'in-
stant il s'esmeut vn grãd
bruit , par ceux qui e-
stoient dans l'anticham-
bre & dedans la basse
court, pour ne sçauoir
comme ce mal'heur e-
stoit arriué, l'vn crioit ou
est la Roine, vn autre ou
est Monsieur le Comte
de Soissõs, l'autre ou est
M. d'Espernon & to° l'es-
pee haute, chacũ parloit
selõ son ses & sõ affectiõ,
& pendant ceste grande

rumeur la Royne se fist
veuë seule abandonnee
& en grand peril de sa vie
si le Marquis de Roüillac
le premier, ne fust cou-
ru à elle & apres luy Mō-
sieur de Vignolles, les-
quels au lieu de faire cō-
me les autres qui ne pen-
soient qu'à se sauuer, pre-
ferant le salut de sa Ma-
iesté au leur particulier,
aymās mieux mille fois
mourir que si il luy fust
mesarriué, ceux qui de-
meurerent blessez furēt

Messieurs d'Espernon
fort legerement, toutes-
fois lequel en cet état af-
sista le premier & tant
qu'il peùt Monsieur le
Comte de Soiſſons, meſ
ſieurs de Villeroy, Mar-
quis de Villaines:& plu-
ſieurs autres sōt demeu-
rez dauantage bleſſez.
Sa Majeſté pour ne ſe
monſtrer ingratte en-
uers Dieu, qui l'auoit re-
tiree de ce danger, en fa-
ueur de toute la France,
s'en alla inçontinent à

lEglise Cathedralle luy
rendre actions de graces
le peuple entendit com-
me miraculeusement el-
le auoit esté faicturee fit la
mesme chose & d'extre-
mes contentemes, C'est
ce que tous les vraix Frã-
çois doiuent faire, sa vie
estant la conseruation
des hostres & de toute la
France.

F I N